세상에, 세상에나
– 어린이와 어른이 함께 읽는 시

세상에, 세상에나
– 어린이와 어른이 함께 읽는 시

박성배 동시집

계간문예

| 시인의 생각 |

어린이들에게 기쁨을 주는 시

1

골프 치기는 누구나 할 수 있을 것 같습니다
탁구공이나 야구공처럼 움직이지 않고, 가만히 놔둔 공을
막대기로 치듯 치면 되니까요.
그런데 골프를 치는 사람들은 말합니다.
"운동 중에서 가장 까다로운 운동이 골프야."

동시 쓰기도 참 쉬워 보입니다.
어린이가 읽는 시이니까
어린이 생각으로 쉽게 쓰면 되니까요.
그런데 동시를 많이 쓴 시인들은 말합니다.
"평생을 써도 맘에 드는 동시 한 편 남기기 어려워."

2

나도 동화와 함께
많은 동시를 썼습니다.

쓰고 싶은 마음이 분수처럼 치솟아 쓰고, 때로는 신나서 썼습니다.
그 동시들을 두 손에 모아보니
물처럼 손가락 틈새로 빠져나가 버리고
남는 게 없습니다.

흠이 있는 동시
생각이 날개를 달지 못하고 파닥거리는 동시
어른의 마음이 묻어있어, 내놓기가 켕기는 동시라도
내가 내 동시를 챙겨주는 방법은
동시집이라는 옷을 입혀주는 일이었습니다.

3

"어린이한테 시를 주는 경우, 그들은 자기네가 표현하는 것보다 훨씬 더 많은 것을 이해하고 있다는 것을 기억해 두어야 할 것이다."
"어린이들이 좋아하는 시와 어른들이 좋아하는 시

사이에 한 줄의 금을 그을 수는 없다."

"시에서 어린이들이 받는 기쁨은 그 종류가 가지가지이나, 공통적인 것은 한결같이 끝없이 퍼져가는 기쁨이다."

  나는 이 세 문장을 책상 앞에 써 붙이고

  쓰면 쓸수록 어렵다는 동시 세계를 탐험하려 합니다.

  앞의 세 문장을 하나의 문구로 나타내면 "어린이들에게 기쁨을 주는 시"입니다.

  두 번째 동시집은 환상적인 삽화와 함께 평론가가 말하는 나의 시 세계도 넣고 싶습니다.

  그런 의욕을 가질 수 있게 첫 동시집을 내주신 '계간문예사'에 깊이 감사드립니다.

2018년 5월에 박성배

차례

시인의 생각 005

제1부 상상을 하면 즐거워요

지구에 업힌 아기 018
수평선 019
무더운 날 020
거미줄 봉봉 022
햇살 젓가락 023
선물꾸러미 024
봄 돌격대 025
대숲에 가서 026
왕의 웃음소리 027
물따먹기 028
날아가는 바다 029
똥집 030
물방울들의 짝짓기 031
'바' 씨 형제 032

'소' 씨 형제 034
매미소리에 말린 뙤약볕 035
꽃씨 usb 036
개와 게 037
봄바람 038
강의 꼬리 039

2부 리듬을 타면 흥겨워요

강 042
'봄'인 까닭 043
바다의 하얀 손 044
파도 045
소나기 내리는 날 046
꼼지락꼼지락 047
아침 해 048
아가의 첫걸음 050
산봉우리 051
참새 소리 052
해는 몇 개나 될까 053
봄비 054
골목 055
봄의 문 056

나처럼 해봐요 요렇게 057
봄 잔등에 058
고래가 좋아 059
심심한 여름에 060
아침 해 요리 061
바다의 숨소리 062
꽃들의 말 063
얼렁뚱땅 064
반가운 비 065
신이 난 바람 066

3부 느낌이 뿌듯해요

겨울산 070
악수 071
뿔 072
언제 다이어트 하나 073
간지럼 타는 독도 074
폭우 후 075
지구 076
가위 사용법 078
말 발효 079
참 쉬운 통일 080
말 자르는 가위 082
빗소리 083
섬 084
마침표 085

1초의 크기 086
멋 부린 산길 087
대가족 088
고깃배 089
풀잎 밥그릇 090
풀 이름 091
나는 봤다 092
물소리 093
섬에 갈 이유 094
겸손한 물 095
간지럼 096
만둣국 097
아빠가 가장 좋을 때 098
바늘 100

4부 응원하면 힘이 나요

일꾼 많은 집 102
우편함 103
비밀 104
우리 엄마 어리광 106
또 다른 눈 107
샛길 108
벚꽃길 저편 궁궐 110
화상통화 112
미처 못한 생각 113
세상에, 세상에나 114
엄마와 우산 받고 온 날 115
옥수수를 먹으며 116
그 분이 누구일까 117
냉장고 안에 사는 북극곰 118

가뭄이면 120
기와집과 빌딩 121
행복한 별 122
눈, 눈, 눈…… 123
깃발 124
호수 125
고창 청보리밭 126
개구쟁이 바람 127
내가 만든 글자 128
영혼의 노래 130
발바닥이 간지럼을 타는 이유 132
이걸 아니 133

제1부

상상을 하면 즐거워요

지구에 업힌 아기

아기
혼자
울다,
엎드려 잔다고요?

지구가
업고
어화둥둥
어르는 중이랍니다

달 곁을 지날 때
"예뻐라!"
별들 곁을 지날 때
"까꿍!, 까꿍!"

아기
혼자
자다,
봉싯 웃네요

수평선

저 접힌
금 좀 봐

얼마나 큰 손으로
접어 날렸기에

지구는 훨훨
우주를
나나?

우리 모두를
싣고
우주를
나나?

무더운 날

"얼음!"
해가 소리쳤다

뚝 멈춘
바람.

이제 그만 '땡' 해라
매미가 소리치고

언제까지 얼음이냐
느티나무 잎들이 짜증내고

정말 너무한다
과꽃이 고개 축 늘어뜨리고

정말 '땡' 안할 거니?
강아지가 헉헉거리고

한나절 다 가네
암탉이 골골거리고

옷가슴 열고 부채질하던 할아버지
해 고놈 참, 고집도 세다!

거미줄 봉봉

초저녁 바람들
신바람 났네

거미줄 봉봉 구르다 올라
감나무 잎 흔들고 내려오고

부웅 더 높이 치솟아
댓잎 치고 내려오고

"맘껏 뛰어봐라
끄떡없다."

출렁이는 거미줄 끝에
왕거미 으스대며 구경하고

"여기까지 오를 수 있어?"
초승달도 내려와 타고 싶은 눈치다

*봉봉 : 트램폴린

햇살 젓가락

딸기 잘 익었나
사과 잘 익었나
찔러보고

벼 잘 여물었나
콩 잘 여물었나
찔러보고

무 맛 들었나
감자 맛 들었나
땅 속으로도 찔러보고

고구마 잘 익었나
젓가락으로 찔러보던 할머니가
해님 나라에 계시는지 몰라

선물꾸러미

골목길, 논둑길
산길, 널따란 길
수많은 길들이

마을을 묶고
도시를 묶고
들판과 산도
요지조리 동여서

동글동글 예쁜 지구
선물꾸러미

"저 선물 갖고 싶어"
어느 먼 별에 사는
외계인 꼬마가
떼를 쓰고 있는지도 몰라

봄 돌격대

하늘에서 줄 타고
주르륵주르륵

봄 돌격대가
침투했다

"모두 물리쳤다
 오버!"

겨울을 벗어난 봄들이
"와아!"
한꺼번에
쏟아져 나왔다

목련나무 깃대에
봄바람이
내걸렸다

대숲에 가서

대숲에 가서
작은 대순에게 함부로
"조그만 게 까불어!"
하지 마세요

한 계절만 지나면
머리 위에서
"이젠 까불어도 되겠냐?"
놀려댈 테니까요

왕의 웃음소리

3호선 5번 출구로 나가니
바로 경복궁 뜰

땅속으로
뱀처럼 긴 가마 타고
신선이 나타났다고

왕과 신하들이
내 앞에 넙죽 엎드리다

소인은 신이 아니라
왕의 백성입니다
황급히 머릴 조아리며

성은이 망극하여
이런 좋은 세상 되었나이다

허허허허!
왕의 웃음소리
경복궁 뜰에 반짝인다

물따먹기

물방개 두 마리 사는 항아리에
개구리밥 세 개를 넣어줬어요

뒷다리로 노를 저어 설치는 물방개에게
개구리밥이 조심스럽게 말했어요

"심심한데 물따먹기 할래?"

가위 바위 보
가위 바위 보

물방개는 언제나 동글동글 바위
개구리밥은 언제나 넓적넓적 보

이겼다 한 뼘
또 이겼다 한 뼘

한 달 못 가 항아리 안은
반이나 개구리밥 차지가 되었어요

날아가는 바다

퍼더덕 퍼더덕
바다의 날갯짓

멸치랑 고래랑 섬이랑
산호초까지 품어

퍼더덕 퍼더덕
잠시도 날갯짓
멈출 수가 없다

지구를 찍은 지구본엔
바다가 발톱으론
들판이랑 땅이랑 산이랑 꼭 움켜쥐고
날개를 활짝 핀 모습이 보인다

훨훨
지구는 우주를 잘도 난다

똥집

쿡!

목련의 똥집에
엉덩이 움켜쥔
해님

몸을 비비꼬며
새침한 목련 노려보다
들판을 콩콩 뛰어간다

와!

숨죽이고 지켜보던
꽃망울들이
웃음을 터뜨리고 말았다

물방울들의 짝짓기

하늘을 날아다니던
물방울들이
짝짓기를 하면

알을 낳으려
우두두둑
내려온다

알이 깨면
지구는
푸릇푸릇
푸른 세상이 된다

비를 닮지 않았다고요?
함께 사는 성품을
꼭 빼어 닮았답니다

'바'씨 형제

바씨 성을 가진
'바닷물'과 '바람' 형제는
만나면 씨름이다

쏴아!
서로 힘주며 엉켜 올랐다가
철썩!
들배지기 기술 동시에 넣곤
좌르르!
흰 거품으로 쏟아진다

다시 붙자 이번에는
어깨 넘어 던지기다

호미걸이, 잡채기, 자반뒤집기……
씨름 기술 이것저것 다 사용해서

쏴아, 철썩, 좌르르
쏴아, 철석, 좌르르

바씨 성을 가진 바닷물과 바람 형제는
날로 힘이 세져서

바위쯤이야 으깨어 모레 만들지
고래쯤이야 가볍게 멸치 다루듯 하지
항공모함쯤이야 두둥실 나뭇잎처럼 띄우지

'소' 씨 형제

소나기,

타닥타닥타닥
형 소나무 잎에
올라타
이랴! 이랴!

소나무,

동생들 소원 들어주느라
산등성이를 우르르 달리는데

소,

큰형답게
소나기 업고
산길을 뚜벅뚜벅 내려온다

매미소리에 말린 뙤약볕

갑자기
불어온
바람에

매미 소리
얽혀버렸다

맴맴, 쓰르르, 쯔으으으

공원 안의
뙤약볕도
둘둘 말려
미루나무 가지에
매달려 있다

뙤약볕 힘 못 쓰는 사이
풀잎들이 어깨를
들썩인다

꽃씨 usb

꽃씨 usb
땅에 꽂고
햇볕 통하면

싹이 돋고
잎이 나고
꽃이 피고
열매 맺고

고 작은
꽃씨 usb 안에
다 담겨 있네

개와 게

게, 게 바다에 사는 게
받아쓰기에서 '개'라고 써서
하나 틀렸다

멍멍 짖는 요놈이 '개'고
열 발 달린 요놈이 '게'란다
엄마가 게 한 마리를
개 옆에 놨다

게가 가위발을 들고
개 앞으로 기어가자
개가 깜짝 놀라
게를 향해 짖었다

받아쓰기 또 틀리면
개가 바다로 가고
게가 멍멍 짖을지 몰라

봄바람

잠옷 만들어
입으면 좋겠네

홑이불 만들어
덮어도 좋겠다

커텐 만들어 달면
창문에도 꽃이 피겠다

강의 꼬리

강은
얼마나 더 기어가야
꼬리가 보일까

울퉁불퉁
꼬불꼬불
강줄기 따라

어제도 오늘도
푸른 등줄기 반짝거리며
서두르지 않고 기어가는 강

머언 먼 옛날 바다로 갔을
강의 머리는
어디쯤에서 파도치고 있을까

정말이지
강이 얼마나 더 기어가야
파닥이는 꼬리를 볼 수 있을까

제2부

리듬을 타면 흥겨워요

강

비 안 내릴 때는
강
강
딴청하며 걷다가

모처럼 비 오시면
강강
강강
좋아라 빨리 걷고

장마철 비 계속 내리면
강강강
강강강
서둘러 뜀박질하고

장대비 몇 날 쏟아지면
강강강강
강강강강
숨이 턱에 차서 마구 달려가지요

'봄'인 까닭

씨눈, 잎눈, 꽃눈 뜨고
봄
봄
봄

봄볕에 눈 맞추며
봄
봄
봄

보면서 서로 행복해 계속,
봄
봄
봄

바다의 하얀 손

바닷가의 조약돌
모난 돌이 없지
바다의 하얀 손이
쓰다듬어주니까

바닷가의 잔모래들
흐트러지지 않지
바다의 하얀 손이
다독거려주니까

바닷가의 소나무
휘파람도 잘 불지
바다의 하얀 손이
손뼉 쳐주니까

파도

접자, 접자, 철썩
한눈팔지 말고 접자

바닷물 주름 안 접으면
마을도 바닷물에 묻히고 말아

접자, 접자, 철썩
꾀부리지 말고 접자

바닷물 주름 쭉 펴지면
들판도 바닷물에 잠기고 말아

접자, 접자, 철썩
접자, 접자, 철썩

소나기 내리는 날

후드득 후드득
힘차게 쏟아진다
안마하자 안마하자
풀잎들 등을 편다

죽죽 주르륵
물줄기로 쏟아진다
등목하자 등목하자
나뭇잎들 알몸이다

꼼지락꼼지락

갓 튼
새싹이
꼼지락꼼지락

갓 깬
병아리가
꼼지락꼼지락

갓 나온
강아지가
꼼지락꼼지락

갓 태어난
아기가
꼼지락꼼지락

맞아!
지구가 자라고 있어
꼼지락꼼지락

아침 해

해!
해!
넌 할 수 있어

밤 폭우에 눌린
돌짬의 풀싹에게도,

해!
해!
포기 하지 마

첫 비행에 실패해
풀숲에서 떨고 있는 아기 새에게도,

해!
해!
어제의 실패는 생각하지 마

오늘 아침에도 지구로 달려들어
날 깨우는 해의 추임새는 오직 하나

"해!"

아가의 첫걸음

뗄까말까
흔들흔들

엄마 눈도
흔들흔들

받친 지구도
흔들흔들

산봉우리

쌍봉낙타 무리지어
끝없이
터벅터벅

가도 가도 사막인 길을
불평 없이
찌뻑찌뻑

폭우가 때려도
변함없이
뚜벅뚜벅

참새 소리

째재 째재재
어둠 보자기를
쪼는 소리

짹짹 짹짹짹
꺼낸 아침 좋아서
웃는 소리

해는 몇 개나 될까

해는 몇 개나 될까?
날마다 산에서, 바다에서
닭이 알 낳듯 새 해가 나오니

해는 몇 개나 될까?
아가 눈동자도, 아침 이슬도,
그 많은 유리창마다, 물웅덩이마다
날마다 하나씩 새 해를 가지니

봄비

바깥 소리에 긴장한
움 놀랄까 봐
소곤소곤

처음 세상 내다보는
움 눈 다칠까 봐
살몃살몃

봄비 처음 마셔보는
움잎 사래 걸릴까 봐
조금조금

아직 알몸인
어린 싹 추위탈까 봐
오는 듯 마는 듯,

이내, 햇볕 뒤에 숨었습니다.

골목

골목, 골목
우리 동네의 긴 목
기린 목처럼 큰길 앞까지 내밀고
사람들, 자동차들, 빌딩들
구경하느라 심심한 줄 모르는 골목

골목, 골목
좁아서 자동차도 못 들어오는 골목
붕어빵 손수레, 세발자전거, 유모차 지나고
개미, 민들레, 실지렁이, 달팽이
꼬마들 눈에만 보이는 친구들 사는 골목

골목, 골목
큰 건물 그림자들이 돌아가며 쉬는 골목
나비 잠깐, 잠자리 언뜻, 참새 잠시, 바람 금세
해님 기웃, 달님 기웃, 별님 기웃
하루에 한 번은 잘 있는지 찾는 골목

봄의 문

흙이 열리고
알이 열리고
굴도 열리며
"나가도 되나요?"

산이 열리고
땅이 열리고
강도 열리며
"어서 오세요!"

잎눈 열리고
꽃눈 열리고
씨앗도 열리며
"반가워요!"

나처럼 해봐요 요렇게

보름달 두둥실 떠올라
볼 동그랗게 부풀리며

"나처럼 해봐요, 요렇게!"

지붕에 펑퍼짐하게 앉은 호박
가지가 찢어지게 달라붙은 감
마당가에 다닥다닥 여문 대추
달님 따라 즐겁게

"나처럼 해봐요, 요렇게!"

단물 가득 벤 배
빨간 볼 부풀린 사과
토실토실 여문 밤
추석날 보름달 따라,

"나처럼 해봐요, 요렇게!"

봄 잔등에

간질
톡
근질
쏙

간질간질
톡톡
근질근질
쏙쏙

봄비가 긁어준
봄 잔등에
뾰족뾰족 새싹들
들이돋았네

고래가 좋아

고래가 좋아, 고래가 좋아
움직이는 섬처럼 커다랗지만
강아지처럼 날 잘 따를 것 같은
고래가 좋아

고래가 좋아, 고래가 좋아
집채만 한 파도에도 끄떡없지만
내 단짝 친구 같은 눈빛을 한
고래가 좋아

고래가 좋아, 고래가 좋아
큰 입으로 고래고래 소리치지 않고
피리소리 같은 노래로 속삭이는
고래가 좋아

심심한 여름에

"잡아, 잡아"
포플러 잎들이 파란 손으로
바람을 붙잡아요

"놔줘, 놔줘"
바람이 요리조리
용케도 빠져나가요

"잡아, 잡아"
포플러 잎들이 심심해 보여
바람이 다시 붙잡혀 줬어요

아침 해 요리

작둑작둑 썰어 바다에
송당송당 썰어 호수에
송송송송 썰어 개울물에

물고기들
아침 해 먹느라
첨벙댄다

뭉떵뭉떵 썰어
하마가 한입
잘게잘게 썰어
다람쥐도 한입

큼직큼직 썰어
떡갈나무 잎이 한입
자잘자잘 썰어
별꽃 잎도 한입

아침 해 먹고
모두
해처럼 웃는다

바다의 숨소리

파도소리는
바다의 숨소리

쏴아아!
들숨소리
철썩!
날숨소리

쏴아아, 철썩!
쏴아아, 철썩!

바다는 참 건강하다

꽃들의 말

꽃들은
향기로
말한다

꽃들은
미소로
말한다

꽃들은
색깔로
말한다

사는 게
그대로
'말'이다

얼렁뚱땅

개미굴, 얼렁뚱땅
파는 개미 없지

거미줄, 얼렁뚱땅
치는 거미 없지

벌집, 얼렁뚱땅
짓는 벌 없지

까치둥지, 얼렁뚱땅
얽는 까치 없지

'얼렁뚱땅'이란 말
사람에게만 있지

반가운 비

비 비 비벼라
약물 비벼라
쩍쩍 벌어진 땅
아물라고

부 부 부어라
한약 부어라
축축 처진 풀잎
기운차리라고

신이 난 바람

파닥파닥
태극기 흔들며
"온다, 온다"
바람들이 소리친 후

후두두둑
소나기가
쏟아집니다

또르르르
콩 구르듯
운동장을 달려
쿵쾅쿵쾅
복도를 뛰어가는 아이들에게

덜컹덜컹
창문 흔들며

"봐라, 봐라, 내 말 맞지?"
바람이 신나서
소리칩니다

제3부

느낌이 뿌듯해요

겨울산

겨울산 눈밭에
토끼 발자국
먹이 찾아 헤매다가
눈 한 줌 먹고 갔나 봐

겨울산 눈밭에
꿩 발자국
모이 찾아 헤매다가
뒹굴고 갔나 봐

겨울산 양지에
눈 녹은 자리
산이 안타까워
가슴을 열었나 봐

악수

숲에서는 나무들이
더 여럿이 악수하려고
서로 팔을 뻗어대지요

새들도 아침마다
돌아가며 악수하기 위해
햇살 같은 소리를 내밀지요

냇물들도 서로 부둥켜안고
힘찬 강물과 악수하기 위해
팔운동을 하며 달리지요

산도 서로 바라만 보지 않고
큰 손으로 악수하기 위해
그림자를 길게 뻗지요

뿌리는 뿌리끼리 샘물은 샘물끼리
땅 속에서도 굳게 악수해
지구는 마음이 든든하지요

뿔

뿔은
눈빛에 있다

그 뿔로 들이대면
눈을 뜰 수 없다

뿔은
말에도 있다

그 뿔로 들이받으면
말이 막힌다

뿔은
얼굴 표정에도 있다

그 뿔을 보기만 해도
얼굴이 굳어진다

언제 다이어트 하나

먹는 게 너무 많아!

눈치 없이 욕먹고
맘껏 욕심 먹고
약속은 까먹고

남의 것은,
거저먹고, 긁어먹고, 놀아먹고, 떨어먹고,
떼먹고, 뜯어먹고, 말아먹고, 발라먹고,
빨아먹고, 빼먹고, 알겨먹고, 엎어먹고,
털어먹고······.

정말이지
막 굴러먹고, 막돼먹고, 틀려먹고

언제 다이어트 하지?

간지럼 타는 독도

동해의 물이불 끝에
한반도의 예쁜 발가락이
삐져나왔네

예뻐서 예뻐서
파도가 쓰다듬으면
꼼지락 꼼지락

간지러워 간지러워
한라산이 킥킥
지리산이 큭큭
백두산도 쿡쿡

누구 발가락인지
금방 알겠네

폭우 후

우당탕탕
때려 부수고
쏵쏵
마구 휩쓸어 버린 후

기적이다

돌틈에 풀잎 더 푸르고
풀꽃들 더 맑게 웃고
나뭇잎들 더 싱싱하니

정말 기적이야

매미 더 밝게 노래하고
잠자리 더 신나게 춤추고
참새들 날갯짓 더 힘차니

지구

지구가
푸른 풀들을 내어
항상 푸르고 희망에 넘쳐
사는 줄 알지?

지구가
맑은 시냇물 내어
항상 졸졸졸 노래하며 걱정 없이
사는 줄 알지?

실은 지구 속엔
언제 폭발할지 모르는
펄펄 끓는 용암 가득하단다

지구의 아름다움은
바로 거기에 있지

속 타는 마음을 내비치지 않고
풀을 내고, 꽃을 피우고, 열매 맺도록
아무 걱정 없다는 듯이 환하게 웃어주는
엄마처럼 말이야

가위 사용법

두 개의 날카로운 날이
맞부딪치지 않고
살짝 비껴가야
곱게 오려낼 수 있지

생각이 다르고
습관이 다르고
꿈이 달라도
맞부딪치지 않고
부드럽게 비껴가는 거야

엄마와 아빠의 하트
너와 나의 하트
우리 모두의 하트도

그렇게 오려내는 거야

말 발효

마음속에 넣지도 않고
풍선처럼 '팡' 터져
튀어나오는 말
"꼴도 보기 싫어!"

그러나

오래 묵혀 발효된
된장처럼
깊은 맛이 우러난 말
"좋아해!"

마음속 장독대에서
아직 발효 중인 말
"미안해!"
"사랑해"

참 쉬운 통일

통일이 뭐 그리 어렵다고
밤낮 '통일, 통일' 외쳐대면서
질질 끌까?

어른들만 눈 딱 감고
귀, 입 막고
삼일까지 갈 필요도 없지,
이틀만 사라지면 돼

마치 출장 가듯이
북한 어른들은 백두산으로
남한 어른들은 한라산으로
거기에 차고 넘치면
금강산과 지리산으로 나눠서
딱 이틀만 올라갔다 내려오면
다 된다니까, 진짜야!

아이들이 '와!' 쏟아져 나와
비석치기, 자치기, 사방치기

공기놀이, 줄넘기놀이, 구슬치기
술래잡기, 얼음땡, 말뚝박기
시간 가는 줄 모르고 하다가
배고프면 나눠먹고,
어깨동무하고 달맞이 노래 부르고

그럼 다 된 게 아니야?

어른들이 산에서 내려오면
이미 통일이 됐으니까
참견하지 말고 잠자코
아이들처럼 살기만 하면 돼

말 자르는 가위

내가 따졌을 때 그 애에게
말을 자르는
가위가 있는 줄 몰랐지
글쎄 내 말을 톡 잘라버리지 뭐야?

잘린 말에서
분한 마음이 줄줄 흘러나왔어
그걸 닦느라
밤새 잠을 설쳤지 뭐니?

차라리
따지지 말고
웃어줄 걸 그랬어

빗소리

나뭇잎이나 새의 어깨나
우산 위에나 버섯 위에나
아이 콧등이나 잠자리 날개에도

상대방에 알맞은
목소리로
인사하는

빗방울의
소리,

빗소리, 빗소리, 빗소리…

섬

태풍이
종을 친다

쾅차르르르
쾅차르르르

등대가 불 밝히고
손 모으고 있다

마침표

문장이 완성되면
더 움직이지 말라고
박아둔
못

느낌도 생각도 멋진 표현도
흩어지지 않게
박아둔
못

동화책을 펼치면
재미있는 이야기 짜 맞춰
박아둔
못

1초의 크기

놀 때
티끌보다 작은 게

기다릴 때
콩알만 하다가

많이 아플 때
농구공만 하지

스케이트 선수가 달릴 땐
지구만 하고

별빛이 지구를 찾아올 땐
지구 일곱 개를 합친 것보다
더 크대

1초의 크기를 정확히 안 사람
아직 없대

멋 부린 산길

산이
가르마 타고
멋 부렸다

가르마 따라
바람빗으로 빗어 넘기고
가르마 옆으로는
들꽃도 곱게 꽂았다

구름 손잡고
어디론가 훌쩍
가 버릴 것 같다

대가족

대나무 대가족이
쭈욱 쭈욱

전세 사는 바람 대가족이
쏴아 쏴아
월세 사는 참새 대가족이
짜그르르 짹짹

아침마다 신세지는 이슬 대가족이
또로롱 또로롱

밤이면 별 대가족이
마실 오지요

고깃배

밤새
그물 내리다
해 뜨기 전

고깃배들 부두로
돌아옵니다

아침 해
그물에 걸릴까 봐

그물 걷고
부두로 돌아옵니다

풀잎 밥그릇

풀잎들은
밥그릇이지요

햇볕 담아 먹고
바람 담아 먹고
이슬 담아 겨우 목 추기다가

드디어 비 오는 날
벌컥벌컥 받아 마시고
파란 그릇을 깨끗이 씻지요

풀 이름

ㅍ자 돌림으로
이름을 짓자

파, 퍼, 포, 푸
긴 울림이 들리지 않아

팍, 퍽, 폭, 푹
부드러운 느낌이 들지 않아

팔, 펄, 폴, 필
허리 숙인 느낌이 전혀 없어

팡, 퐁, 풍, 핑
잔잔한 향기가 느껴지지 않아

풀……,
잠깐, 풀이라 했지?
풀, 풀
그래, 네게 딱 맞는 이름이다

나는 봤다

담쟁이가
가파른 돌담을 기어오를 때
햇줄을 잡은 팔에
파란 힘줄이
불거지는 것을
나는 봤다

잘 보이지도 않는
작은 돌기마다
밟고 버틴 수많은 발바닥이
하얘지는 것도
나는 봤다

휴지를 반쯤 실은 수레를 끌고
등 굽은 할머니가
돌담 옆을 지나갈 때
담쟁이 잎들이 손을 흔들며
응원하는 것도
나는 봤다

*햇줄: 햇살의 줄기

물소리

버스를 타고 소풍 가는 아이들이
말 한 마디 없이 간다면
그건 기적이야

함께 바다로 향하는 강물들도
마찬가지야

돌돌돌, 좔좔 졸졸
촤르르 촬촬 퐁퐁

그놈들 말들이 너무 재밌어
강가에 나무들은 유난히 푸릇푸릇
웃고 지낸대

섬에 갈 이유

육지를 벗어나
혼자 있는 섬

따돌림 받는 민영이도
섬이다

혼자 지내는 옆집 할머니도
섬이다

가끔 시무룩한 아빠도
섬이다

배 멀미 참고
섬에
찾아가야겠다

겸손한 물

물은
으스대는 법이 없어
서로 어깨를 맞추려고 출렁대지

분수대에서 물을 아무리 높이 올려도
금방 내려가고 말아
다른 물들과 어깨를 같이하려고

강물이 계속 흐르는 것도
자기보다 더 낮은 물의 어깨를 보고
내려가 내려가
어깨를 맞추려는 거야

피도가 치는 것도 그래,
다른 물보다 높이 있지 않으려고
자꾸만 자꾸만
눈대중하여 어깨를 맞추는 중이야

간지럼

바람이
간질이면

풀들은 자지러지며 웃고
나무들은 몸을 털면서 웃지

호수의 물들은 속살을 드러내며 웃고
들판은 방방 뛰면서 웃지

산은 팔을 마구 휘저으며 웃고
구름은 산 너머로 도망가면서 웃지

한바탕 웃고 나면
혈색이 돈 지구는
우주를 팽팽 달리지

만둣국

할아버지 수저 드시길
침 꼴깍하며 기다리는데
만둣국 맛을 보신 할아버지

속이 꽉 찼구나!
만두가요?
아니 네가

속이 꽉 찼어!
제가요?
아니 만두가

하하하하
방안에 우리 식구
웃음이 꽉 찼네

아빠가 가장 좋을 때

아빠가 가장 좋을 때는
일 나가실 때가 아니야

숙제 하라고
큰소리 칠 때는 더더구나
아니지

심부름 잘했다고
머리 쓰다듬어 주실 때가
좋기는 하지

붕어빵이나 찐 고구마 사들고 오실 때도
물론 좋지

내 생일 선물로
파란 운동화 선물로 주실 때도
좋았지

일 년에 몇 번 안 되지만
나랑 놀아줄 때가
제일 좋긴 해

그런데 아빠가 가장 가장 가장
좋은 때를 하나만 말하라면
언제인 줄 아니?

아빠 배에 내 발 올려놓고
아빠랑 낮잠 잘 때야
그 때만큼 아빠가
좋은 때는 없었던 것 같거든

바늘

"넌 왜 너밖에 모르니?"
어제 네가 한 말이
바늘처럼 내 마음을 찔렀어

그런데 말이야
그 바늘 끝에 실이 꿰어 있었나 봐

'나밖에 모르던' 내 상처가
아물기 시작했거든

제4부

응원하면 힘이 나요

일꾼 많은 집

혼자 사는 할머니 집엔
일꾼도 많다

어제 내려 촉촉한 땅 만든
빗방울들

초록잎마다 양분 쟁이는
햇볕들

땅속에 공기 굴 뚫는
지렁이, 땅강아지들

꽃수정 거드는
산들바람, 벌나비, 날파리들

퇴비를 만들어내는
돼지 두 마리와 오리, 닭들

혼자 사는 할머니 집
올해도 풍년이다

우편함

시골 빈 집
우편함 앞에서
그림엽서 한 장 들고
서성거리던 집배원 아저씨

오래 전에 외국에 간 친구가 보낸
"잘 있느냐 보고 싶다"
시처럼 쓴 그림엽서

고개 갸웃거리던 집배원아저씨
비닐로 싸서 우편함에
붙여놓고 갔다

외국에서 시집 온 아주머니가 지나다
빈 집 우편함 앞에 서서
빈 집 같은 목소리로 시를 읊는다

"자 이느냐 보고 싯다"

비밀

비밀이 만약 동물이라면
사람들 마음속이
쿵쿵쿵 울릴 거예요
마음속에 갇힌 비밀이
마음을 마구 두드릴 테니까요

하지만 다행스럽게
비밀은 동물이 아니라서
마음속에 있는 걸
아무도 모르지요

아빠 비밀, 엄마 비밀
선생님 비밀, 짝꿍 비밀
내 비밀, 동생 비밀
참 얌전히 있지요

하하호호 웃고
즐겁게 이야기 하고
신나게 놀 때도 꼼짝 않는 비밀
혼자일 때만 살짝 꺼내 보고 다시 넣지요

비밀이니까요

우리 엄마 어리광

게임하다 들켜
엄마 잔소리 각오하고 있는데

이잉! 우리 아들
나 좀 봐 줘라
엄마 하기 되게 힘들다. 이잉!

주먹 쥐고 내 등
가볍게 통통거리며
어리광 부린다

알았어, 알았어 봐줄게
난 얼른 돌아서서
책을 붙잡는다

아기 키우기 힘들다며
시집 안 간 이모에게
엄마 어리광 들킬까 봐
겁난다

또 다른 눈

두 다리 일자로 쫙 찢는 게
참 멋져보였어
나도 그대로 해보고 싶어서
발레를 배우기 시작한 거야

태어나면서부터 앞을 못 보는
신영이의 말을 듣고
처음엔 어리둥절했어

그러다 신영이의 손을
꼭 쥐어주었지
신영이의 눈은
'느낌'이라는 걸
알았다는 뜻으로

샛길

아빠 손잡고
할아버지 댁 가는 길

큰 길 놔두고
샛길로 들어섰다

큰길보다 샛길이
훨씬 재미있지

아빤 학교 다닐 때
샛길로 다니던 이야기에 신이 났다

"아빤 나보고 공부하다
샛길로 빠진다고 야단치셨잖아요."

"허허허, 야단맞을 줄 알면서도
샛길로 빠지는 게 얼마나 재미있니?"

아빠와 난 마주보며
친구처럼 웃었다

샛길에 핀 풀꽃도
낄낄낄 웃었다

벚꽃길 저편 궁궐

전셋값 또 올라
속상해 나간 엄마 쫓아
아빠도 슬그머니 집을 나갔다

호수 돌아 가득 핀 벚꽃 속으로
엄마 따라가는 아빠 발걸음이 빨라진다

손수건으로 눈두덩 누르는 엄마를
드디어 아빠가 따라잡았다
엄마는 팔 잡아 빼다
다른 손으로 아빠 가슴을 툭 치곤

둘이 정답게 걷는다
벚꽃 속으로

벚꽃 구경 나온 사람들 틈에 끼어
앞질러 가 '짠!; 하고 나타나
"어마마마 다 울으셨나이까!"
벚꽃잎을 뿌리며 허리 굽혔다

"왕자, 어서 일어나세요!"
엄마가 날 숨 막히게 안았다

우리 셋은 서로 안고 벚꽃길을 걸었다
작은 바람에 벚꽃잎이 구름처럼 내렸다
구름 저편에 궁궐이 나타날 것만 같다

화상통화

전철에서
말 못하는 누나가
화상통화를 한다

왼손으로 핸드폰 잡고
오른손가락이 바쁘게
움직인다

무슨 재미있는 이야기인지
오른손바닥이 얼굴 위를
빠르게 움직이면서
웃기도 한다.

입이 할 일을
손가락이 하느라
신이 났다

미처 못한 생각

세월호가 바다에 잠길 때
반 아이들을 찾아
위로 올려 보내던 선생님

마지막 아이까지 올려 보내곤
끝내 바닷물에 휩쓸려 버렸대

선생님도 탈출하고 싶었을 거야

아이들을 다 내보내기 전까진
미처
그런 생각 못했을 뿐이지

세상에, 세상에나

쏴아
갑자기 소나기 덮치자

암탉 따라 마당 돌던 병아리들
삐악 삐악 야단났네

세상에, 세상에나
할머니가 우산 들고
마당으로 뛰쳐나가네

세상에, 세상에나
할머닌 우산 펼쳐

병아리 품고
소낙비 그대로 맞고 앉아 있는
암탉에게 씌워주고
앉아있네

엄마와 우산 받고 온 날

엄마와 우산 받고
집으로 간다

비 맞을라 가까이 온
왼팔로 내 어깨를 감싸고
오른손으로 우산을 든 엄마

비 하나 안 맞고
현관에 들어서니

엄마 오른쪽 머리와 옷에서
빗물이 뚝뚝 떨어진다

옥수수를 먹으며

"줄맞춰!"
"앞으로 나란히!"
"됐어, 그대로 꼼짝 마!"

쨍쨍 내리쬐는 햇볕 아래서
나란히 나란히
간격 맞춰
여무느라

얼마나 힘들게 참아냈을까?

"사람들이 기분 좋게 먹는 순간까지
흐트러지지 않는 게
마지막 우리 자존심이야."

옥수수의 자존심에
차렷하고 경례를 하고 싶다

그 분이 누구일까

아빠가 아가를 위로 던지면
아가는 높이 사라지지 않고
다시 아빠 품으로 돌아오지요

낙엽도 그래요
아무리 바람이 멀리 날려도
다시 땅으로 돌아오지요

야구공도 그래요
타자가 아무리 홈런을 날려도
날아가다 땅으로 돌아오지요

너무나 당연한 이야기라고요?
다른 별나라에서는
어림없는 이야기이지요

만유인력도 모르냐고요?
알지요!
지구에만 만유인력을 주신 분이 누굴까
그걸 생각하는 중이랍니다

냉장고 안에 사는 북극곰

"내 피자 누가 먹었어!"
동생이 냉장고 문을 열고 소리친다

"어? 아까 북극곰이 어슬렁거리더니
 배고파 먹었나 봐."
 아빠가 딴청을 한다

"냉장고 안에 정말
북극곰이 살아?"

"그럼! 내가 봤다니까."

"그럼 계속 냉장고 안에 살지
왜 나왔어?"
동생이 아빠 등을 떠민다

냉장고 안에 살던 북극곰은
할 수 없이 스마트폰을 들었다

"피자 한 판 가져다주세요."

가뭄이면

임금부터
백성 모두가

빌고
빌고
또 빌어

ㄹ이 다 닳아지도록 빌어야

비
비가 내렸대

기와집과 빌딩

운현궁 기와집들이
큰길 건너 빌딩을 올려다보며

"참 크고 잘 생겼네."

구름 닿을 듯 솟은 빌딩이
자동찻길 건너 기와집을 내려다보며

"참 조용하고 곱게 생겼네."

저녁 햇살이 비스듬히
빌딩과 기와집을 조명처럼 비추며

"참 잘 어울리네, 옛날과 오늘이."

행복한 별

우르르쾅
지구가 몸살 하더니

이내, 땅 찢어지고
초록 싹 하나
얼굴을 내밀었습니다

몇 천억 개가 넘는 별 중에서

내가 젤 행복한 별이라고

지구 혼자 파랗게 웃었습니다

눈, 눈, 눈……

우주에 떠도는 먼지처럼
작고 작은 지구

그 지구에 산다는
예쁘디예쁜 아이들

그 아이들 보고 싶은데
눈 하나로는 다 볼 수 없어

초롱초롱 하늘 가득 뜬
눈, 눈, 눈……

깃발

제 맘대로
펄럭이지만

한쪽은
꼭 묶여있어야

깃발이다

호수

빗방울은
하나

1
1
1
1

하나 하나가
내려와서

하나 가득 차지요

고창 청보리밭

바다를 주무르던 바닷바람이
청보리들 손에 붙잡혔다

바라라락 바라라라락
금방 벗어날 것 같았지만

어디, 청보리들 파란 손이
한두 개여야지

그 손들 다 뿌리치지 못해
그냥 맞잡아버렸다

바람과 청보리가
하나가 되어

파라라락 파라라라락
파도타기 응원을 하고 있었다

개구쟁이 바람

톡
솔방울 하나
떨어뜨려 놓고

깜짝 놀라 멈춘
다람쥘 보며

쏴쏴쏴
상수리잎 속으로
빠져나와

숨 죽여
풀잎 속에 숨는 바람

풀꽃이
모른 척
웃고 있다.

내가 만든 글자

열 달 만에
엄마가 퇴원하여 집에 들어서는 순간
아! 내 마음을 어떻게 표현할까!

'정말정말 행복하다.'
'하늘만큼 우주만큼 행복하다.'
아냐, 이렇게는 반에 반도 표현이 안 돼

'황홀하다.'
'꿈꾸는 것 같다.'
'내 몸이 붕 떠오르는 것 같다.'

에게, 이게 뭔가
찰떡 붙듯이 엄마 품에 붙어
부르르 떨었던 내 마음을
어떻게 표현할까 한 시간이나 끙끙대다

난 일기장에 이렇게 썼어요

'ㅎㅎㅎㅐㅐㅐ ㅂㅂㅂ'
 ㅇㅇㅇ   ㅜㅜㅜ

영혼의 노래

북극 칵토빅 마을은
겨울에 57일이나
해가 안 뜬대

시계를 보고 아침을 알고,
불을 켜고 학교에 가고
불을 켜고 공부하고
불을 켜고 축구도 한대

57일 만에
드디어 해가 뜨는 날
마을 사람 모두 산에 올라
떠오르는 해를 맞이한대

"내 영혼에 햇빛 비치니
영화롭고 찬란해."
가슴에 두 손을 모으고
눈물을 흘리며
떠오르는 해를 맞이한대

날마다 떠오르는 해니까
당연히 그러려니 하며 지냈던 나는
도저히 흉내 낼 수 없는
영혼의 노래이지

발바닥이 간지럼을 타는 이유

산을 오를 때
양말과 등산화로 겹겹이 싸여
어둠 속에서 땀범벅 되는 발바닥

비탈길에서도 밀려나지 않고
저벅저벅 쿵쿵
몸무게를 버텨내는 발바닥

정상에 올라, 온몸이 새처럼 날아갈듯 할 때도
여전히 혼자만 엎드려
묵묵히 견뎌내는 발바닥

모처럼 등산화와 양말을 벗겨내고
발바닥을 간질이면
키득키득 온몸이
관심을 갖지

아, 너 거기 있었구나

이걸 아니

친구야,
넌 이걸 아니?

마주보고 웃으며
손잡고 걸을 때,
내가 마셨던 공기
네가 다시 마시고

내가 또 되받아 마신다는 걸

친구야,
넌 이것도 아니?

어쩌다 눈 흘기고
씩씩거리며 싸울 때는,
더 많은 공기 내가 마시고
네가 힘껏 되받아 마시면

내가 또 가슴 부풀게 받아 마신다는 걸

계간문예시인선 132

박성배 동시집_ 세상에, 세상에나

초판 인쇄 | 2018년 5월 25일
초판 발행 | 2018년 5월 30일

지 은 이 | 박성배
회　　장 | 서정환
발 행 인 | 정종명
편집주간 | 차윤옥

펴낸곳 | **도서출판 계간문예**

편집부 | 03132 서울 종로구 삼일대로 30길 21 종로오피스텔 1209호
주소 | 03132 서울 종로구 삼일대로 32길 36 운현신화타워 305호
전화 | 02-3675-5633, 070-8806-4052
팩스 | 02-766-4052
이메일 | munin5633@naver.com
등록 | 2005년 3월 9일 제300-2005-34호
ISBN 978-89-6554-181-3 04810
ISBN 978-89-6554-118-9 (세트)

값 10,000원

잘못 만들어진 책은 바꾸어 드립니다.

이 도서의 국립중앙도서관 출판예정도서목록(CIP)은 서지정보유통지원시스템 홈페이지(http://seoji.nl.go.kr)와 국가자료공동목록시스템(http://www.nl.go.kr/kolisnet)에서 이용하실 수 있습니다. (CIP제어번호: CIP2018016307)